Freya Jaffke

Mit Kindern malen

Arbeitsmaterial aus den Waldorfkindergärten

20

Herausgegeben von der
Internationalen Vereinigung der Waldorfkindergärten

Freya Jaffke

Mit Kindern malen

Wachsfarben, Aquarellfarben, Pflanzenfarben

Verlag Freies Geistesleben

5. Auflage 2019

Verlag Freies Geistesleben
Landhausstraße 82, 70190 Stuttgart
www.geistesleben.com

ISBN 978-3-7725-2320-5

Fotos: Freya Jaffke
Umschlagfoto: Charlotte Fischer
Druck: GCC Grafisches Centrum Cuno, Calbe
Printed in Germany

Inhalt

Die in diesem Buch wiedergegebenen Kinderbilder haben im Original das Format DIN A 4.

Vorwort

Eltern, die an verregneten Urlaubstagen oder frühen Winterabenden ihre Kinder gelegentlich zu sinnvollen Tätigkeiten anregen wollen, kann dieses Malbuch eine brauchbare Hilfe sein. Im ersten Teil wird in einfachen Schritten in das Malen mit Wachsfarben eingeführt, wozu manche Bilder in ihrem Entstehungsprozess wiedergegeben werden. Im zweiten Teil wird das Aquarellmalen beschrieben, das wieder in ganz anderer Weise, nämlich durch das flüssige Farbenelement, auf die Fantasie der Kinder wirkt, und das von dem das Kind dabei begleitenden Erwachsenen Sicherheit und Umsicht fordert. Durch die Verwendung von Pflanzenfarben, wie es im dritten Teil dargestellt wird, erfährt das Aquarellmalen noch eine wesentliche Steigerung.

Sobald ein Erwachsener in aller Ruhe und mit Freude zu malen beginnt, kommen die Kinder interessiert dazu und es entsteht eine schöne Atmosphäre. Es wäre allerdings zu empfehlen, sich zuerst ein wenig mit dem Inhalt des Buches vertraut zu machen und wenn möglich schon ein bisschen zu üben. Denn dadurch verschwindet rasch das eigene Vorurteil, man könne nicht malen, und es entsteht Freude beim weiteren Üben. Dieses Phänomen ist mir in vielen Kursen mit Eltern und Seminaristen begegnet und hat mir letztlich den Impuls gegeben, meine langjährigen Erfahrungen aufzuschreiben.

So ist dieses Buch ganz aus der Praxis heraus entstanden und wird ohne Anspruch auf künstlerisches Können weitergegeben. Es gibt Einblick in *einen* Erfahrungsweg, der in jeder Hinsicht als offenes und freilassendes Angebot verstanden werden will. Es möge als Anregung aufgenommen werden und dazu beitragen, dass Kindern und Erwachsenen die Freude am Gestalten mit Farben erhalten bleibt. Es ist zu hoffen, dass Kinder, die in ausreichendem Maße und in sinnvoller Weise sich mit Farben betätigen konnten, auch als Jugendliche die Kunst als ein sinnvolles Mittel zur Persönlichkeitsentfaltung zur Verfügung haben.

Mit großer Dankbarkeit denke ich an meine Lehrmeister Anke-Usche Clausen und Martin Riedel zurück, durch die ich selbst als junge Kindergärtnerin in das Wachsfarbenmalen eingeführt wurde. Dies war für mich und für die Arbeit im Kindergarten ein unschätzbarer Gewinn.

Allen Freunden und Kollegen, die mir mit Rat und Tat beim Zustandekommen des Buches behilflich waren, möchte ich an dieser Stelle herzlich danken.

Frühjahr 1999 *Freya Jaffke*

Malen mit Wachsfarben

Einführung in die Wachsfarben

Die Wachsmalfarben in Blöckchenform sind eine bewährte Alternative zu allen üblichen Malfarben in Stiftform. Wir haben damit jahrzehntelang gute Erfahrungen gemacht. Es lassen sich mit diesen Blöckchen sowohl Linien zeichnen als auch großzügige Flächen gestalten. Mit den sich während des Malens immer wieder neu bildenden Ecken können auch gewisse Feinheiten erreicht werden. Die Blöckchen werden dem Malbedürfnis der Kinder in jeder Entwicklungsphase der ersten sieben Jahre gerecht. Die Kinderhand kann sie, ohne zu verkrampfen, gut umgreifen und sowohl Linien, Schwünge, Kreise oder Wirbel als auch einzelne Formen zeichnen und später, wenn das Bedürfnis danach erwacht, sogar flächig malen. Das heißt, die Bilder werden dann farblich reich ausgestaltet. Sie wirken belebend, erfüllend, gesättigt und kräftig, auch wenn sie in den Farben zart sind, ganz im Gegensatz zu Bildern, die mit Bunt- oder Filzstiften entstehen.

Das kleine Kind wird durch Sinneseindrücke belebt und angeregt. Deshalb ist auch die Qualität der Farben, die wir ihm zum Malen geben, wichtig. Die Wachsblöckchen enthalten zwar industriell gewonnene Farben, haben aber einen Zusatz von reinem Bienenwachs. Die Farben sind lichtecht und haben eine große Leuchtkraft. Durch die Transparenz des Wachses und den Verzicht auf Füllstoffe wird eine Lasurfähigkeit erreicht, die durch ein Übereinanderlegen von Farbschichten vielfältige Abstufungen und Farbklänge ermöglicht. Die Farben haben eine hohe Wischfestigkeit. Die Blöckchen sind sehr ergiebig und unzerbrechlich.

Aus dem gleichen Material werden auch Wachsmalstifte angeboten. Selbstverständlich lassen sich damit auch – so wie mit jedem anderen Stift – Flächen malen, aber nicht so leicht wie mit den Blöckchen. Das Besondere der Blöckchen ist, dass man aus einer zunächst großzügig zart angelegten Fläche durch Verdichten die verschiedenen Formen entstehen lassen kann. Dazu wird im Folgenden ein Weg gezeigt.

Wenn auch das kleine Kind noch ganz mit der Linie umgeht – was mit den Blöckchen ohne weiteres möglich ist –, kann der Erwachsene in seiner Gegenwart auf künstlerische Weise ganz aus der Fläche heraus gestalten. Damit behindert er nicht die normale zeichnerische Entwicklung des Kindes, wie wir in den weiteren Ausführungen noch sehen werden.

Für Erwachsene mag der Umgang mit den Blöckchen zunächst ungewohnt sein. Sie werden aber sehr rasch – so lehrt es die Erfahrung – ihre Freude daran haben und gerne weiter üben, weil sie erleben, dass sie – zunächst in bescheidener Weise – Bilder malen können und ihr eigenes Vorurteil, nicht malen zu können, revidiert wird. Die Mitfreude der um sie herum sitzenden Kinder wird sie weiter im Üben beflügeln.

Für ein erstes Vertrautwerden mit den Malblöckchen mögen die folgenden einführenden Hinweise, die für Erwachsene bestimmt sind, hilfreich sein. Kinder brauchen *keine* Einführung.

1 a

Zur Auswahl der Farben

Die Wachsfarben sind in allen Farbtönen im Handel erhältlich. Dennoch bevorzugte ich während meiner jahrzehntelangen Kindergartenzeit die drei Grundfarben jeweils in einem helleren und einem dunkleren Farbton: Zinnoberrot, Karminrot, Ultramarinblau, Preußischblau, Zitronengelb und Goldgelb (Abb. 1 a/b). Die Bilder, die mit diesen Farben entstehen, strahlen eine große Reinheit aus und die Mischfarbentöne, zum Beispiel Orange, Grün, Violett, Braun, die bei den jüngeren Kindern zufällig, bei den älteren gezielt entstehen, sind viel differenzierter und lebendiger als jede fertig gegebene Farbe. Meistens entdecken die Kinder zwischen vier und fünf Jahren, dass zum Beispiel Gelb und Blau übereinandergemalt Grün ergibt. Nach dem fünften Jahr versuchen sie mitunter gezielt

1 b

ganz bestimmte Farbtöne zu erreichen. Und dennoch lösen sich die Kinder immer wieder leicht von einer realistischen Farbgebung und gehen souverän mit den vorhandenen Farben um. Muss denn zum Beispiel ein Baumstamm oder ein Hund unbedingt braun sein? Haben nicht auch große Künstler gelbe, rote oder blaue Pferde gemalt?

Bei den allerjüngsten Kindern spielt die konkrete Farbe noch nicht so eine große Rolle. Sie greifen zuerst zu ihrer Lieblingsfarbe – so es sie gibt – oder wählen meist zuerst die hellen und überdecken sie mit den dunklen Farben. Da sie dies nicht deckungsgleich vollziehen, kann man später auf ihren Bildern diesen Vorgang erkennen.

Trotz allem soll aber mit diesen Hinweisen keine Ausschließlichkeit propagiert werden. Jeder ist selbstverständlich ganz frei in der Auswahl der Farben für seine Kinder und kann eigene Erfahrungen machen.

Für diejenigen Leser, die beim ersten Durchblättern dieses Buches die Frage nach der Farbwahl für die Bilder hatten, sei gesagt, sie wurden nur mit den drei Grundfarben gemalt.

Einführung in das Malen mit Wachsblöckchen für Erwachsene

Erwachsene, die nie ein Malblöckchen in der Hand gehabt haben, werden, wenn sie damit ein Bild malen wollen, kleine Anfangsschwierigkeiten zu überwinden haben. Wenn sie die hier beispielhaft gegebenen Hinweise befolgen, so werden sie rasch zu ersten Erfolgserlebnissen kommen und gerne weiter üben. Es ist zu empfehlen, die ersten Übschritte allein ohne Kinder zu tun, um später dann im Zusammensein mit den Kindern schon eine gewisse Sicherheit ausstrahlen zu können.

Umgang mit dem Malblöckchen

Zunächst legen wir einige Papierblätter übereinander oder nehmen eine glatte Pappunterlage, weil es sich auf einem weicheren Untergrund angenehmer malen lässt.

Jetzt greifen wir ein Blöckchen mit dem Daumen und drei Fingern und setzen es mit der Kante auf das Papier (Abb. 2 a). Wir malen eigentlich immer mit einer der verschieden langen Kanten, auch wenn diese im Laufe der Zeit etwas rund werden. Wenn wir den Druck auf die Blöckchenkante nicht gleichmäßig ausüben, sondern zum Beispiel

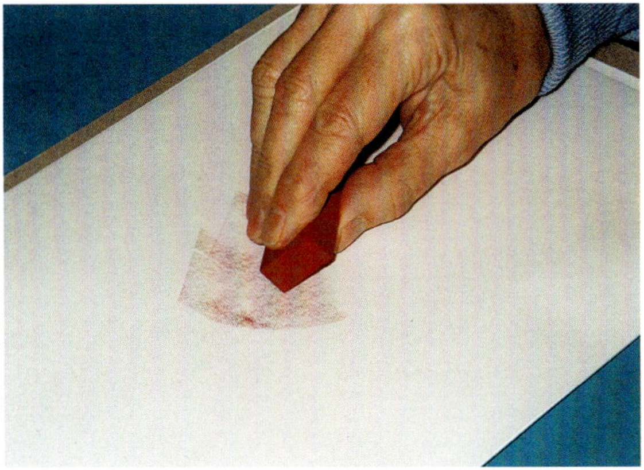

2 a

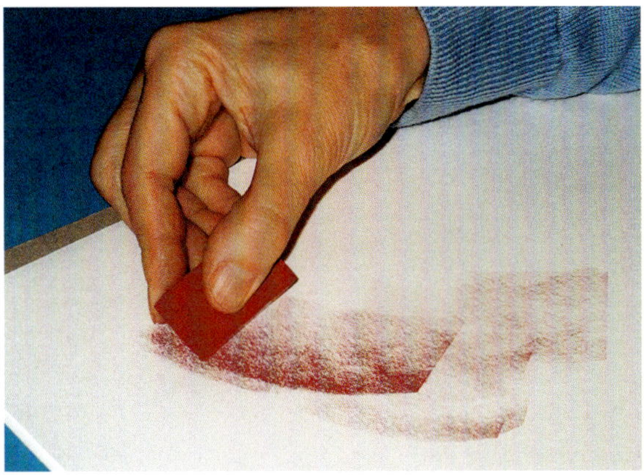

2 b

im oberen Bereich stärker drücken, dann entsteht eine differenzierte Farbfläche mit einem zarten Übergang vom Dunklen zum Hellen. Dies immer wieder auszuprobieren ist sehr lohnend, weil sich damit später die gewünschten Formen sehr lebendig herausarbeiten lassen (Abb. 2 b).

Farbstudie in Blau

Nun beginnen wir mit einer einfachen Farbstudie in Blau (Abb. 3; Seite 14) und versuchen eine einhüllende Gebärde zu erzielen. Dabei lassen wir das Blau vom Bildrand zur Mitte immer heller werden. Wir nehmen beide Blautöne, zunächst nebeneinander, dann stellenweise übereinander geschichtet, zart beginnend. Zum Schluss kann noch an einigen Stellen eine Schicht Karminrot hinzukommen.

Farbkomposition

Nach diesen ersten Versuchen nehmen wir jetzt alle sechs Blöckchen und gestalten einen Farbzusammenklang, jedoch noch ohne jede gegenständliche Vorstellung. Ganz zart legen wir zunächst die Farbflächen an: links unten Ultramarinblau, rechts Preußischblau; es folgen Karminrot, Zinnoberrot, Goldgelb, Zitronengelb (Abb. 4; Seite 14).

3

4

Im zweiten Schritt versuchen wir die Farben durch mehr Druck auf die Blöckchen zu intensivieren – aber nicht gleichmäßig wie eine angestrichene Wand, sondern lebendig, mit helleren und dunkleren Stellen, Schicht auf Schicht. Auch lassen wir stellenweise die Farben sich überschneiden, wodurch weitere Farbtöne entstehen: Violett, Orange, Grün (Abb. 5).

5

6 7

Berge – Meer – Fischerboot

Die Abbildungen 6/7 (oben) und 8/9 (Seite 16/17) zeigen einfache Berg- und Meerstudien und ein Fischerboot (Abb. 10 und 11; Seite 18/19), jeweils zuerst zart angelegt und dann durch intensivere Farbgebung ausgeführt.

9

10

11

12

13

Eine Landschaft

Mit den bisherigen Erfahrungen legen wir nun eine ganz einfache Landschaft an mit grünen Wiesen im Vordergrund und Bergen im Hintergrund. Wir beginnen wieder ganz zart mit den Blautönen, so dass noch alle Möglichkeiten, etwas zu verändern, offen bleiben (Abb. 12). Zunächst geht es ja darum, sich die zur Verfügung stehende Malfläche sinnvoll zu gliedern. Dann können mit eigener Entdeckerfreude weitere Farbschichten aufgelegt werden, und zwar in der vorher schon geübten differenzierten Weise (Abb. 13). Jeder wird inzwischen bemerkt haben, dass sich Preußischblau mit Gelb zu sehr schönen Grüntönen, Ultramarinblau mit Karminrot zu Violett verbindet. Preußischblau mit Zinnoberrot und eventuell etwas Goldgelb ergibt schöne Brauntöne. Je nachdem mit welcher Farbe begonnen wird, werden die Farbnuancen verschieden.

14

Häuser

Bei der Gestaltung von Häusern kommt es nur darauf an, dass wir in großzügiger Weise das Wesentliche zum Ausdruck bringen und uns nicht mit Genauigkeiten aufhalten. Zum einen sind es die mit Fenstern und Türen durchbrochenen Mauern und zum anderen die Geste des darüberliegenden beschützenden Daches.

Wenn wir zunächst die Fassade mit dem Malblöckchen zart anlegen, so stehen uns noch verschiedene Gestaltungsmöglichkeiten für die Türen und Fenster offen: Erstens ganz ausgespart dadurch, dass wir die Umgebung verstärken (Abb. 14a). Durch die erste Farbschicht bleiben die Aussparungen ja nie ganz weiß, aber dennoch hell genug. Zweitens halb ausgespart (Abb. 14b) und drittens als dunkle Flächen gestaltet (Abb. 14c). Besonders lebendig werden Fassade und Dach, wenn wir die Farben durch mehrere Schichten mischen und nicht auf der ganzen Fläche gleich intensiv auftragen.

In der Kinderzeichnung spielt das Haus schon auf der frühesten Stufe eine bedeutende Rolle. Zuerst ist es meist nur ein mit einer Linie gezogener Bogen, der unter Umständen auf dem unteren Bildrand aufsteht. Später werden es oft mehrere immer größer werdende Bögen übereinander und in der Mitte steht die erste schon erkennbare menschliche Gestalt (Abb. 15; S. 22). Es ist hier ganz deutlich, dass es dem Kind noch nicht um ein Abbilden eines Hauses geht. Vielmehr erlebt es beim Haus das Geborgensein, die Hülle, und das wird aus dem inneren unbewussten Erleben heraus gezeichnet (Abb. 17; S. 22). Auf späteren Stufen entstehen dann «erkennbare» Häuser, erst nur von außen mit Fenstern und Türen (Abb. 16; S. 22; Abb. 18,19; S. 23), dann mit Türklinke und zuletzt – in der Zeit der Schulreife – auch mit Inneneinrichtung (Abb. 20; S. 23).

15

16

17

18

19

Diese Entwicklung können wir als Erwachsene, wenn wir bei Kindern malen, berücksichtigen. Aber immer bemühen wir uns bei allem Streben nach Erkennbarem um Großzügigkeit und lassen dadurch der Fantasie der Kinder den größten Spielraum.

20

Bäume

Für die Gestaltung eines Baumes ist es hilfreich, wenn man sich zunächst in seine Wachstumsgeste hineinfühlt. Es kommt ja nur darauf an, dass es uns gelingt, das Charakteristische zum Beispiel eines Nadel- oder Laubbaumes zum Ausdruck zu bringen.

Bei dem Nadelbaum legen wir für die Äste mit Preußischblau eine erste Schicht an, und zwar wieder so zart, dass uns alle Möglichkeiten zum Verändern offen bleiben (Abb. 22a). Dann legen wir eine erste Schicht Zitronengelb darüber und ein wenig Zinnoberrot in dem Stamm- und Bodenbereich (Abb. 22b). Weitere Blau- und Gelbschichten können mit mehr oder weniger starkem Druck auf das Blöckchen folgen, je nachdem wie intensiv man die Farben wünscht (Abb. 22c). Die einzelnen Farbschichten sollten nicht deckungsgleich aufgetragen werden, damit der Baum lebendiger wirkt. Die Farbe ist in die Umgebung aufgenommen, dadurch steht der Baum nicht so hart und nackt da.

Bei einem Laubbaum gehen wir am besten vom Stamm aus, lassen ihn von unten hinaufwachsen und deuten die Krone an (Abb. 23a, S. 26). Nach der ersten Schicht Preußischblau folgt eine zweite mit Zitronengelb im Blattbereich und Zinnoberrot an Stamm und Ästen. Im Weiteren braucht

22

23

24

jetzt nur noch mit Blau, Gelb und Rot verdichtet zu werden. Bei der Abbildung 23b wurde außerdem versucht, die rechte Seite, von der das Licht kommt, heller zu lassen.

Wenn wir Kinderzeichnungen betrachten, so wird deutlich, dass eigentlich jedes Kind ganz individuell Bäume zeichnet und malt. Selbst wenn ähnliche Elemente bei verschiedenen Kindern auftauchen, so sind sie doch immer wieder anders gestaltet. Offenbar geht es dem Kind noch nicht darum, Bäume abzubilden. Durch das Erleben der Bäume draußen und das unbewusste Erfühlen der gestaltenden Kräfte in seinem Organismus kommt es mit seiner schaffenden Fantasie zu den originellsten Darstellungen (Abb. 24–28).

25

26

27

28

Menschen

Für Menschendarstellungen ist die aufrecht stehende Säule eine geeignete Ausgangsform. Wenn wir sie als Fläche zunächst ganz zart anlegen, so sollten wir den Kopfbereich ganz besonders hell oder sogar ausgespart lassen, damit später nicht eventuell grüne Gesichter entstehen (Abb. 31). Für den Druck musste die erste Schicht wesentlich kräftiger, als es normalerweise geschehen wäre, angelegt werden.

Nachdem wir uns in die vorgenommene Geste der verschiedenen Gestalten eingefühlt haben, versuchen wir sie durch Verdichten ein wenig herauszuarbeiten (Abb. 32). Es soll noch einmal darauf aufmerksam gemacht werden, dass kein Grund zur Sorge besteht, wenn die zuerst angelegten Farbflächen weit über die später sich herausdifferenzierenden Gestalten hinausragen. Diese bekommen damit schon einen lebendigen Hintergrund und stehen schon in einem Farbraum. Außerdem kann von der Umgebungsfarbe später alles Übrige aufgenommen werden.

Nun verdichten wir die Farben der einzelnen Gestalten ganz vorsichtig und geben Acht, dass die einzelnen Flächen in sich hellere und dunklere Stellen bekommen. Es wirkt dann differenzierter und lebendiger (Abb. 33). Zum Schluss gestalten wir die Umgebung, indem wir mit den Farben

31

32

33

außer im Bodenbereich nicht ganz bis an die Figuren herangehen.

Für das kleine Kind ist alles Zeichnen und Malen immer im Zusammenhang zu sehen mit *dem Menschen*. Alles dynamische Zeichnen, alle Kreise, Sonnen, Kopffüßler, Bäume und Häuser sind Stufen seiner Menschwerdung, an der es uns im Bilde teilhaben lässt. Als individuelles Wesen aus der übersinnlichen Welt kommend, zieht es hier auf der Erde in eine gegebene Leiblichkeit ein, die es sich im Laufe der ersten sechs bis sieben Jahre ganz zu Eigen machen muss. Es richtet sie auf und erfühlt seine Leiblichkeit unbewusst langsam vom Kopf bis hinunter in die Füße. Dieser Erfühlensstrom ist für das Kind von Bedeutung und noch nicht irgendwelche Details. Deshalb ist es wichtig, dass die Menschen – aber auch die Tiere –, die wir in Gegenwart der Kinder malen, ganz großzügig gestaltet werden, so dass die Fantasie breiten Spielraum hat, und dass das Wesenhafte – beim Menschen ist es die aufrechte Gestalt und vielleicht eine typische Arbeitsgeste – wahrgenommen werden kann.

Niemals sollte der Erwachsene sich verleiten lassen, Karikaturen von Menschen oder auch Tieren zu zeichnen oder zu malen. Solche Überzeichnungen oder Verzerrungen sollen ja lustig wirken, und das mag für manche Situation in der Erwachsenenwelt gestattet sein. Kleine Kinder verstehen

34

sie nicht. Daher sollten wir auf alle karikaturhaften Übertreibungen verzichten. Es sind Merkmale, die wir an unseren eigenen Kindern und Freunden in Wirklichkeit auch nicht wünschen. Sie lenken vom wahrhaftigen Menschsein ab.

Bei den Tieren hat eine aufrecht sitzende oder aufrecht gehende Gestalt – vielleicht sogar menschlich bekleidet – nichts mit der Wahrhaftigkeit des Tierwesens zu tun. Die aber schulden wir den Kindern.

35

36

37

38

39

40

Tiere

Die Scheu des Erwachsenen, Tiere zu malen, wird erfahrungsgemäß leichter überwunden, wenn man mit der Methode des Schichtens und Verdichtens ein wenig vertraut ist. Es kommt ja wirklich nur darauf an, dass wir etwas Charakteristisches vom Wesen des Tieres zum Ausdruck bringen, und selbst das darf nur angedeutet bleiben. Es ist natürlich hilfreich, wenn wir uns ein wenig üben, bevor wir in Gegenwart der Kinder Tiere malen. Dazu können wir sehr gut Kunstpostkarten mit Tierstudien zum Beispiel von Franz Marc zu Hilfe nehmen und zunächst einfach die verschiedenen Gesten ertasten. Durch die Blöckchen ist die Versuchung, zu sehr ins Detail zu gehen, schon gar nicht gegeben.

Bei Tierdarstellungen können wir sehr oft von einem liegenden Ei ausgehen. Eine zweite kleinere Eiform, je nach Tierart spitzig, oval oder runder, kommt für den Kopf dazu (Abb. 39). Es folgen die Ohren und der Schwanz als charakteristische Merkmale hier für einen Hasen. Wir können die beiden Eiformen in verschiedenster Weise ver-

41

42

binden, je nach gewünschter Kopfhaltung (Abb. 40). Es ist noch nichts verdorben, wenn Kopf oder Rumpf zu groß geraten, denn durch das Verdichten und Verstärken der Farben lässt sich das leicht korrigieren. Die an manchen Stellen dann überstehenden zarten Farbränder werden leicht von der Umgebungsfarbe aufgenommen. Weitere Tiere wurden zur Anregung versucht (Abb. 41, 42).

Die ersten Tierzeichnungen der Kinder zeigen uns, was den Kindern dabei das Wesentlichste ist. Sie wissen, dass der Kopf beim Menschen oben, beim Tier vorne ist. Ansonsten unterscheiden sich die Köpfe anfangs noch kaum. Der Tierkopf im Profil mit Schnauze taucht erst später auf. Die Anzahl der Beine variiert zwischen zwei und ganz vielen (Abb. 43–48; S. 34). Sobald die Kinder bewusster beobachten, werden auch ihre Tiere «stimmiger». Zunächst ist eben das Typische des Tieres wichtig und nicht die Einzelheiten. Deshalb tun wir auch gut daran, wenn wir die Kinder hier nicht korrigieren und verunsichern.

43

44

45

46

47

48

Erzählbilder

Die bisher geübten Motive lassen sich immer wieder neu zu anregenden Bildkompositionen zusammenstellen. Mit den gewonnenen Erfahrungen können wir nun Erlebnisse aus dem täglichen Leben in anspruchsloser Weise zur Darstellung bringen und so mit unseren Bildern erzählen. Die Kinder nehmen mit regem Interesse daran teil, und wenn sie manchmal noch während des Anlegens der ersten Farbschichten beim Erwachsenen mit ihrer Fantasie schon etwas zu erkennen glaubten, so habe ich mich davon anregen lassen und unter Umständen mein ursprüngliches Vorhaben geändert. So rief einmal ein Kind: «Heute malt sie einen Esel!» Ein anderes Kind aber sagte: «Ich glaube, es wird eine Brücke.» Geplant war eine Burg. Doch ich wandelte mein Vorhaben um und malte ein kleines Eselchen, das einen Wagen über eine Brücke zieht.

Abbildung 51 (Seite 36) wurde in Gegenwart der Kinder gemalt.

49

50

36

52

53

54

55

Gestaltung eines Frieses

Anstelle einzelner Symbole, wie zum Beispiel Schiff, Apfel, Hase, ist auch ein durchlaufender Fries für Garderoben- oder Waschraumhaken geeignet. Hier folgt ein Motiv dem nächsten und die Kinder finden sehr leicht die richtige Stelle ihres Hakens. Der Fries kann je nach Platzverhältnissen 8 bis 10 cm hoch sein. Für die relativ kleinen Motive wird man öfter die Ecken und schmalen Kanten der Blöckchen benutzen, weshalb ein neues Set zum Malen empfohlen wird. Wenn der Fries mit einer selbstklebenden Klarsichtfolie überklebt wird, die an den Rändern etwa 1 bis 1,5 cm übersteht, so hat er eine lange Lebensdauer.

56

57

Wenn Kinder und Erwachsene gemeinsam malen

Wie bei allen Tätigkeiten, die wir im Zusammensein mit Kindern durchführen – ob hauswirtschaftlicher, pflegender oder handwerklicher Art –, so kommt es auch beim Malen besonders darauf an, dass eine schaffensfrohe Atmosphäre entsteht. Ob es zum Beispiel die Mutter, den Vater oder die Kindergärtnerin betrifft, immer ist es der tätige Erwachsene, an dem die Kinder sich vorbehaltlos orientieren. Wenn es ihm gelingt, seine Arbeit wohldurchdacht und sicher durchzuführen und *gleichzeitig* mit seinem Interesse ganz bei den um ihn herum tätigen Kindern zu sein, dann wird eine freudige Schaffensstimmung von ihm ausstrahlen. Gerade solch eine Stimmung, die sich so schwer in Worte fassen lässt, ist es, die das kleine Kind bis zur Schulreife für sein Spielen und Mitschaffenwollen impulsiert, begeistert und harmonisiert.

Kinder brauchen Atmosphäre

Das Gleiche gilt für alle künstlerischen Tätigkeiten. Obwohl jedes gesund entwickelte kleine Kind sofort zu gestalten beginnt, wenn es Farben, Wachs oder Ton in die Hand bekommt, so ist doch auch hier der Erwachsene als künstlerisch tätiger Mittelpunkt unentbehrlich. Wenn er sich zu den Kindern setzt und mit innerer Ruhe, Lockerheit und frohem Mut zu malen beginnt, so wird er bei aller Konzentration auf das eigene Bild die Kinder ganz im Bewusstsein behalten. Sie spüren, wenn er mit liebevollem Interesse ihre Bilder begleitet, ganz offen ist für das, was sie zwischendurch erzählen oder ihn fragen.

Kinder mit besonderen Nöten brauchen eine sorgfältige Führung

Selbstverständlich sind auch erzieherische Probleme nebenher zu meistern. Da sind einzelne Kinder, die, von innerer Unruhe getrieben, es sehr schwer haben, auch nur für Augenblicke auf dem eigenen Platz zu bleiben und auf dem eigenen Blatt zu malen. Mit Windeseile ist vielleicht ein Strich über das Blatt des benachbarten Kindes gezogen oder es werden die erreichbaren Körbchen mit den Malblöckchen ausgeleert oder das eigene Malblatt wird zerknäult und die Unterlage bekritzelt. In der Familie wird es ähnliche Schwierigkeiten wie die hier vom Kindergarten geschilderten geben.

Kinder mit solchen Nöten brauchen eine besonders sorgfältige Führung, damit der ungestüme

Wille sich langsam ordnen und erstarken kann. Indem wir dem betroffenen Nachbarkind ein frisches Blatt geben, sagen wir zum Beispiel liebevoll aber bestimmt: «Jeder malt jetzt immer nur auf seinem eigenen Blatt.» Zu dem Kind, das die Unterlage bekritzelt, sagen wir vielleicht: «Weißt du, die Malblöckchen wollen immer nur auf dem Blatt malen und wir haben noch ganz viele Blätter.» Es bleibt nicht aus, dass auch einmal rasch ein Verbot ausgesprochen werden muss. Aber wenn wir uns immer wieder bemühen, den Kindern in positiver Weise zu sagen, was geschehen soll, und nicht was sie lassen sollen, dann ist das zwar für uns Erwachsene zunächst mühsamer, für die Kinder aber leichter annehmbar und gesundend. Hilfreich ist in dieser Beziehung auch das vorbildliche Verhalten des Erwachsenen im Umgang mit dem Material, was früher oder später bei den Kindern zu guten Gewohnheiten führt.

Dürfen Kinder nachmalen?

Mancher Leser hat jetzt vielleicht die Frage, ob denn die Kinder als nachahmende Wesen dem Erwachsenen nicht nachmalen und dadurch von ihrer natürlichen Entwicklung im Zeichnen und Malen abgelenkt würden. Ich denke, dass hier aus verschiedenen Gründen kein Anlass zur Sorge besteht.

Bei dem schulreifen Kind ist es ein natürliches Bedürfnis, sich auch einmal ganz vom Erwachsenen oder einem gleichaltrigen befreundeten Kind leiten zu lassen. Es geschieht ja frei-willig. Wir können es ruhig mit Wohlwollen begleiten. Sollte es aber vorkommen, dass plötzlich viele Kinder – weil sie es lustig finden – anfangen nachzumalen, dann würde ich beim nächsten Mal in ermunterndem Ton sagen: «Und heute malen wir wieder jeder unser eigenes Bild.»

Auch wenn ein fünfjähriges Kind *gelegentlich* dem Erwachsenen nachzumalen versucht, kann man es ohne Bedenken geschehen lassen. Ich habe in solch einer Situation dann das eigene Malen mit wenigen Worten begleitet, zum Beispiel: «Hier am Ufer sitzt jetzt der Angler mit seiner langen Angelrute – und da kommen schon die Fische angeschwommen – und hier steht das Häuschen, in dem der Angler wohnt – gleich kommen seine beiden Kinder angelaufen, die wollen sehen, ob der Vater schon einen Fisch gefangen hat …» Durch solch kleine Erzählungen ganz nebenbei erhält die kindliche Fantasie wieder neue Impulse. Das Kind hat dann möglicherweise gleich weitere Ideen, die es auf seinem Blatt verwirklichen will, zum Beispiel: «Bei mir wollen aber die Kinder auch angeln und einer hat schon einen Fisch an der Angel.»

Die jüngsten Kinder, die Zwei-, Drei- und Vierjährigen, kommen erfahrungsgemäß gar nicht auf die Idee, einem anderen nachzumalen. Es fehlt ihnen auch dafür die Voraussetzung. Für sie ist allein die emsige Stimmung um sie herum wichtig und anregend und meistens sind sie sehr schnell mit ihren Zeichnungen fertig.

Kinder brauchen gute Vorbilder

In Bezug auf das Nachmalen spielt auch die Malweise des Erwachsenen eine besondere Rolle. So wie er auch sonst im alltäglichen Leben die Arbeiten verrichtet wie es ihm entspricht, so tut er es auch beim Malen. Kinder schauen mit Hingabe einem Künstler zu, der zum Beispiel mit seiner Staffelei in einer Straße oder Landschaft sitzt und malt. Daraus nehmen sie Impulse auf für ihr eigenes Malen. Wenn ein Erwachsener den beispielhaft gegebenen Hinweisen über die «Einführung in das Malen mit Wachsblöckchen für Erwachsene» folgt und ganz bescheiden versucht, in einfacher, freilassender Weise mit den Farben zu gestalten, wenn er zuerst zarte Farbflächen anlegt und durch Verdichten der Farben die einzelnen Dinge entstehen lässt, dann bleibt für die Fantasie der Kinder nicht nur ein großer Spielraum, sondern sie wird in lebendiger Weise durch die Prozesse angeregt. Ich habe nie erlebt, dass Kinder durch die flächige Malweise des Erwachsenen daran gehindert waren, so mit der Linie zu gestalten, wie es ihrem Alter entspricht. Die Kinder aber, die aufgrund ihrer Entwicklungsstufe flächig malen wollten, fanden an der Malweise des Erwachsenen ein geeignetes Vorbild.

Ganz anders wäre es, wenn der Erwachsene mit mehr oder weniger gelungenen Umrisslinien arbeiten würde, die einengen, begrenzen und nur schwer Veränderungen möglich machen. Hier wäre der Blick der Kinder nicht frei und lebendig, sondern wie festgehalten, und die Fantasie könnte nicht daran weiterschaffen. Wenn Kinder so etwas nachmachen, entsteht leicht eine Art Schablone, von der sie unter Umständen lange nicht frei werden.

Das Gleiche geschieht, wenn ein Erwachsener einem darum bittenden Kind zum Beispiel ein Haus oder einen Tannenbaum vorzeichnet und dies in recht gut gemeinter bewusst «kindlicher» Weise tut. Das ist dann eher unkünstlerisch und für die Kinder – natürlich unbewusst – auch enttäuschend. Suchen sie doch im Erwachsenen nicht jemanden, der sich auf ihre Stufe stellt, sondern ein Vorbild, zu dem sie aufschauen können und von dem sie erwarten dürfen, dass es ihm einige Schritte voraus ist. Wenn aber mit der Fläche gestaltet wird und sich eine Form oder charakteristische Geste langsam herauskristallisiert, dann belebt das die kindliche Fantasie, und durch die Malweise, die dem Kind gerade möglich ist, findet es zu einer eigenen Darstellung.

Kinder brauchen keine Themenvorgabe

Wie sieht es nun mit der Themenfindung aus? Vielleicht hat manch einer die Vorstellung, Kinder wüssten nicht, was sie malen sollen, wie es beim Erwachsenen manchmal vorkommen kann. Bei der Suche nach einem geeigneten Thema wägt er ja gleichzeitig innerlich ab, was er sich zutrauen kann. Kinder bis zum Schulbeginn haben da normalerweise keine Schwierigkeiten. Sie schaffen ja noch ganz aus den inneren Gestaltbildungskräften, die ihre ganze Leiblichkeit durchziehen, die den Aufbau der Organe besorgen und die sich auf jeder Entwicklungsstufe wieder neu an den Kindern offenbaren. Aus diesem Grunde brauchen sie noch keine Themenstellungen, keine von außen gegebenen Vorstellungen und Forderungen (Weiteres im Beitrag von Wolfgang Schad in dem Buch von Michaela Strauß, s. Literaturverzeichnis).

Mit zunehmendem Vorstellungsvermögen und der immer wacher werdenden Beobachtungsfähigkeit steht den Kindern eine Fülle von Erlebnissen zur Verfügung, von denen sie mühelos mit ihren Bildern erzählen. Sollte einmal ein Kind dabei Schwierigkeiten haben, was dadurch zu bemerken ist, dass es immer nur fast stereotyp beispielsweise das gleiche Auto malt, so könnte man es ein wenig anregen, zum Beispiel: «Dein Auto möchte gewiss auch einmal an meinem Haus und Garten vorbeifahren.» Oder: «Wenn da jetzt eine Brücke kommt, schafft der Fahrer es wohl darüber zu fahren?»

Es ist ganz natürlich, wenn Erwachsene beim Malen mit Kindern zusammensitzen, dass sich solche kleinen «Gespräche» oder Dialoge ergeben. Im folgenden Kapitel soll darauf noch näher eingegangen werden.

Mit malenden Kindern im «Gespräch»

Wer mit einer altersgemischten Kindergruppe zum Malen um einen Tisch herum sitzt, ist in ganz unterschiedlicher Weise in seinen Reaktionen gefordert, aber auch herausgefordert.

Die Jüngsten

Bei den allerjüngsten, den zwei- bis dreijährigen Kindern gibt es über die äußeren Regelungen hinaus – den Sitzplatz, das Malblatt und Farbkörbchen betreffend – kaum etwas zu sprechen. Sie genießen es, mit in der Runde zu sitzen, und ziehen ihre schwungvollen dynamischen Linien auf das Papier und lassen Knäuel und Wirbel entstehen. So beginnt es bei allen Kindern. Die weitere Entwicklung in der Kinderzeichnung zu verfolgen, ist sehr interessant, und es ist gut, sich auf diesem Gebiet ein wenig kundig zu machen, damit man solche Anfangsergebnisse in der richtigen Weise einzuordnen versteht und nicht als wertlose Kritzelei im Altpapier verschwinden lässt. Oder auch, damit man die Kinder nicht ungeschickt darauf anspricht oder gar fragt, *was* sie da gemalt hätten. Sie malen ja noch gar nicht «etwas», sondern leben ganz in ihren schwungvollen Bewegungen, deren Spuren sie auf dem Blatt mit Wonne verfolgen.

Im Fantasiealter

Etwas ältere Kinder etwa zwischen drei und viereinhalb Jahren fangen oft von sich aus an, ganz spontan dem Erwachsenen etwas zu ihrem Gemalten zu erzählen. Zunächst setzen sie eifrig allerlei Zeichen und Figuren auf das Blatt, im Anschauen des Gewordenen entzündet sich die Fantasie daran und es kommt zum Benennen. Voll Freude und manchmal auch mit ernster, wichtiger Miene erzählen sie, was es im Einzelnen «bedeutet». Und sie spüren sehr genau, ob der Erwachsene sich ihnen für diesen Moment ganz zuwendet und wirklich lauscht. Es kann durchaus sein, dass nach kurzer Zeit einer anderen Person gegenüber etwas anderes über das Dargestellte erzählt wird. Das ist ein Ausdruck der lebendig sprudelnden Fantasie und nicht etwa einer Lüge und bedarf keines Kommentars oder gar einer Korrektur.

Erst wenn den Kindern zwischen fünf und sechs Jahren die Vorstellungskräfte immer stärker zur Verfügung stehen, dann nehmen sie sich etwas Bestimmtes vor zum Malen. Zunächst ist es noch nicht in einen ganzen Bildzusammenhang eingebettet, wie es in den folgenden Monaten immer mehr der Fall ist.

Kinder im letzten Vorschuljahr

Erst bei den Kindern nach dem fünften Lebensjahr und besonders im letzten Jahr vor der Schule ergeben sich immer wieder kleine «Gespräche» untereinander. Zum Beispiel ob bei einem bestimmten Automodell der Auspuff hinten oder an der Seite rauskommt, dass Schnecken auch Bäume raufkriechen können oder wie viele Schornsteine wohl ein Dampfschiff hat. Das heißt, sie erzählen mit ihren Bildern von ihren Erlebnissen und lassen mit Worten ihre Freunde daran teilhaben. Wenn nun ein Erwachsener bei ihnen sitzt, so interessieren sie sich auch für das, was auf seinem Blatt langsam entsteht. Da wird er vielleicht gefragt: «Kannst du auch ein Flugzeug malen?» «Ich glaube schon», war die Antwort, und indem ich damit anfing, sagte ich: «Hier sitzen die Leute drin, da sind immer die Fenster (ich malte den Rumpf) und an der Seite sind die Flügel.» Mit Wonne schauen die Kinder so einem Entstehungsprozess zu (er dauert ja nur einen Augenblick) und malen dann befriedigt an ihrem eigenen Bild weiter. Wenn aber die Frage etwas anders lautete, zum Beispiel: «Wie geht ein Hund?», dann malte ich nicht den Hund, sondern versuchte das Kind zur Eigentätigkeit anzuregen, indem ich mit der Hand in der Luft «malte» und langsam zu den Bewegungen sprach: «Ja, vorne ist der Kopf (mit der Hand ruhig kreisen), dann der Bauch (mehrmals waagerecht oval kreisen) und dann die Beine (die Hand mehrmals senkrecht nach unten bewegen) und hinten der Schwanz (an den Rumpf ‹malen›).» Solche von Worten begleiteten Bewegungen, denen das Kind sehr aufmerksam folgt, wirken unmittelbar auf seine inneren Schöpferkräfte und bringen sie wieder in Regsamkeit. Denn kaum sind die Worte verklungen und die Bewegungen beendet, ruft es: «Ach ja, ich weiß schon!», und gleich malt es seinen Hund.

Einmal, als ich gerade ein offenes Haus mit Blick ins Kinderzimmer gemalt hatte und nun dabei war, zwei Kinder auf einer Wiese zu malen, wurde ich gefragt: «Was malst du jetzt?» «Heute male ich lauter Kinder. Diese beiden werfen sich gerade den Ball zu.» – «Und da oben sitzt eins auf dem Schaukelpferd!», stellte mein Nachbar fest. «Und was kommt noch?» «Ich glaube, hier wollen die Kinder mit dem großen Schwingseil hüpfen.»

Solche kleinen Wortwechsel sind niemals störende Unterbrechungen, sondern sie tragen zu einer lockeren, emsigen Atmosphäre bei, in der die Kinder erleben, dass man unbefangen malen kann, was man sich gerade vorstellt.

Auch ungefragt habe ich manchmal beim Malen ein wenig dazu gesprochen, wenn ich das Empfinden hatte, es könnte für mein Nachbarkind förderlich sein. Zum Beispiel: «Meine Sonne leuchtet jetzt so hell und stark, dass man gar nicht die Augen und den Mund erkennen kann.» Oder: «Meine Sonne braucht ganz viel Platz, die will nämlich ringsherum leuchten. Und dann erwachen alle Blumen in der Erde und strecken sich der Sonne entgegen.» Oder in einer anderen Situation, als ich gerade mit blauer Farbe einen Baum angelegt hatte, sagte ich nur halblaut, indem ich mit gelber Farbe darüber malte: «Jetzt scheint noch die Sonne darauf. – Und hier oben kommt schon die Vogelmutter angeflogen, die hat ein Würmlein im Schnabel und bringt das den Vogelkindern ins Nest.» Oder auch: «Nun brauche ich nur noch ganz zart die Luft zu malen, dann bin ich fertig.»

Solche Aussagen waren gesprochen, um die sechsjährigen Kinder ganz freilassend erleben zu lassen, dass es auch andere Möglichkeiten gibt, als zum Beispiel die Sonne in der oberen Blattecke oder am Blattrand zu malen oder Vögel nur als Wellenlinie zu zeichnen. Ob und wann sie solch eine Anregung aufgreifen und ihr nacheifern, muss ganz offen bleiben.

Auf jeden Fall ist es für die Kinder wohltuend, wenn sie sich von unbewusst schablonenhaft gewordenen Gewohnheiten lösen können. Sie werden dann viel beweglicher und ihre Bilder werden lebendiger.

Manch origineller kleiner Dialog mit einzelnen Kindern ergibt sich auch, wenn sie ihr fertig gemaltes Bild dem Erwachsenen bringen. Dazu sind einige Beispiele im folgenden Kapitel gegeben.

Wenn Kinder dem Erwachsenen ihre Bilder bringen

Wenn mir ein Kind sein fertiges Bild brachte, so kam es mir immer darauf an, dass es mein inniges Interesse für das, was es gemalt hatte, spürte. Blieb es noch einen Augenblick neben mir stehen, so lauschte ich einen Moment, ob und was es von sich aus dazu erzählen wollte. Wenn es zum Beispiel sagte: «Das bin ich und das ist der Papa und das ist die Mama; und hier ist noch ein Schneckle», dann fügte ich beispielsweise freudig hinzu: «Ja, das sieht man gut.» Sagte es aber nichts, so erzählte ich entweder, was ich auf dem Bild erkannte, oder reagierte vielleicht nur mit einem anerkennenden, staunenden, etwas gedehnten «Ja» – und setzte hinzu: «Und nun schreiben wir noch deinen Namen darauf.»

Stets habe ich auch – ohne es zu sagen – das Datum hinzugefügt, damit sich die Bilder später leichter chronologisch ordnen ließen.

Die jüngsten Kinder lassen oft ihr bemaltes Blatt einfach am Platz liegen und wenden sich bald einer anderen spielenden Tätigkeit zu. Solange sie noch Schwünge und Wirbel zeichnen, ist ihnen offenbar die Aktivität, die Sichtbarkeit der Spuren das Wichtigste. Sie leben noch ganz im prozesshaften Tun und nicht auf ein Ergebnis zu. Daher geht auch ihr Interesse für das «Bild» oft nicht über den Prozess hinaus. Erst allmählich lernen sie nachahmend, dass man sein fertiges Blatt an einen bestimmten Platz legen oder dem Erwachsenen bringen kann.

Für die ältesten Kinder ist es wichtig, dass wir in aller Ruhe mit ihnen ein wenig über ihr Bild ins «Gespräch» kommen und sie dabei das anerkennende Interesse spüren. Sie setzen ja voraus, dass der Erwachsene sofort erkennt, was sie gemalt haben, und warten – ein wenig herausfordernd – mit dem eigenen Erzählen erst einmal ab. Wenn ich dann an irgendeiner Stelle des Bildes anfing zu sagen, was ich sah, dann setzten sie unmittelbar fort, zum Beispiel: «Hier steht ja schon eine Leiter am Haus.» – «Ja, da kommt doch der Kaminfeger, der will aufs Dach steigen.» Oder: «Da geht ja die ganze Familie spazieren!» – «Ne, einer ist zu Hause geblieben. Du siehst doch, der guckt gerade zum Fenster raus.» (Abb. 53; S. 37)

Solch eine Zuwendung wirkt unmittelbar verbindend und motiviert die Kinder – so empfand ich es – viel stärker als ein allgemeines lobendes «Schön». Man geht eben wirklich auf die Sache ein und nimmt die Kinder auf diesen Weg mit.

Zum Aufbewahren der Bilder

Aus allem, was sich über die Kinderzeichnungen erfahren lässt, kann man die Einsicht gewinnen, dass es sich dabei nicht um Kunstwerke handelt. Das Zeichnen und Malen des Kindes vor der Schule, das noch frei von jeder Vorgabe spontan durchgeführt wird, ist noch eng an die physiologischen Entwicklungsstufen gebunden. Es sei an dieser Stelle noch einmal darauf hingewiesen: Dieselben Kräfte, die im Kind den Aufbau der Gestalt und die Reifung der Organe besorgen, die sind es, mit denen das Kind in unbewusster und unbefangener Weise nach außen gestaltet (Näheres bei Wolfgang Schad in dem Buch von Michaela Strauß, siehe Literaturverzeichnis). Daher kann mit Recht von der Kinderzeichnung als vom «Spiegel der Entwicklung des Kindes» gesprochen werden. Mit solch einem Spiegel sollten wir die Kinder nicht unbedingt dauernd konfrontieren, indem wir ihre Zeichnungen im Kindergarten und in der Wohnung aufhängen. Es geschieht dies natürlich in bester Absicht, weil man das «Werk» des Kindes ehren und anerkennen möchte. Wir spiegeln ihm aber damit die Welt von gestern, das heißt die Stufe, die es heute schon überwunden hat. Da es unsere Aufgabe ist, die Kinder in die Zukunft zu geleiten, ist es empfehlenswert, lieber gute Bilder von großen Künstlern für die Umgebung des Kindes zu wählen, zum Beispiel von Cimabuë, Stephan Lochner, Raffael, Ludwig Richter, Hans Thoma, Albert Anker. – Aber wie gesagt, dies ist eine Empfehlung, die nicht zum Dogma erhoben werden sollte. Vielleicht regt sie zum Nachdenken an, sodass jeder aus eigener Verantwortung bewusst damit umgehen kann.

Eine schöne Erfahrung ist es für die Kinder, wenn sie erleben, dass ihre Bilder jeweils in einer eigenen Mappe gesammelt und zusammengeheftet im

Laufe der Zeit zu einem «Bilderbuch» werden. Am Ende der Kindergartenzeit schauen sie so etwas mit lebhaftem Interesse an. Und am letzten Kindergartentag nehmen sie es mit nach Hause.

Auch zu Hause würde ich empfehlen, ein solches Bilderbuch anzulegen. Das Kind erlebt daran, dass sein Bild geachtet und sorgsam damit umgegangen wird.

Das Malmaterial

Ebenso wichtig wie das Malen selbst ist der sorgfältige und pflegliche Umgang mit dem Malmaterial. Wenn es ordentlich und übersichtlich aufbewahrt und für die Kinder gut erreichbar ist, dann können sich gute Gewohnheiten bilden und es entstehen Achtung und Sorgfalt.

Während des Malens kann sehr schön Ordnung gehalten werden, wenn die **Malblöckchen** jeweils als Sortiment in einem kleinen Körbchen für jedes Kind zur Verfügung stehen. Oder wenn bei doppelter Anzahl der Blöckchen (2 mal 6) zwei Kinder zusammen ein Körbchen an ihrem Platz haben. Das schließt nicht aus, dass zwischendurch die Blöckchen ruhig neben dem Körbchen liegen dürfen, weil sie dann für die Kinder unmittelbar sichtbar sind. In der Familie haben sich auch die im Handel erhältlichen stabilen Blechetuis bewährt.

Als **Malpapier** ist besonders ein leichtes Schulzeichenpapier (100 g DIN A4) zu empfehlen. Es genügt aber auch ein normales Schreibmaschinenpapier. Aus Sparsamkeitsgründen nahmen wir gelegentlich auch Blätter, die einseitig bedruckt waren. Es handelte sich dabei um Veranstaltungsankündigungen oder -programme, die stets im Schulzusammenhang übrig blieben.

Um Abdrücke von Unebenheiten der Tischfläche in den Bildern zu vermeiden, empfiehlt sich eine **Malunterlage** zum Beispiel aus einem festen, glatten Karton, die ringsum vier bis fünf Zentimeter größer sein kann als die Malblätter. Die Unterlagen helfen außerdem die Tische sauber zu halten, denn einige Kinder, vor allem die jüngeren, malen oft noch über den Papierrand hinaus. Es lassen sich zwar die Tische leicht mit einer Bienenwachspaste oder einer guten Möbelpolitur reinigen, doch es entsteht ein anderes Qualitätsempfinden bei den Kindern, wenn sie durch gute Gewohnheiten lernen, die Möbel zu schützen.

Reinigen der Wachsblöckchen

Von Zeit zu Zeit müssen die Malblöckchen gereinigt werden. Wir pflegten es im Kindergarten dreimal im Jahr zu tun und zwischendurch nur bei einzelnen im Bedarfsfall. Dieses Reinigen geschah während des Freispiels in der Großputzzeit (siehe auch das Buch «Spielen und Arbeiten» der Verfasserin). Es empfiehlt sich, die Blöckchen zuerst nach Farben zu sortieren und die Häufchen auf ein Arbeitsbrett oder einen mit Packpapier abgedeckten Tisch zu legen. Dann gibt man ganz wenig von einer guten Terpentinverdünnung in ein flaches Schüsselchen oder einen sauberen alten Unterteller. Mit einem Leinwandlappen taucht man *ganz wenig* in die Terpentinverdünnung ein und reibt die Blöckchen ringsherum damit ab. Anschließend lässt man sie noch kurz auf der Unterlage nachtrocknen. Am besten beginnt man mit den hellen Farben, weil sie am empfindlichsten sind.

Wer keine Terpentinverdünnung zur Hand hat, kann auch ein einfaches Salatöl nehmen, aber ganz sparsam!

Auf jeden Fall ist diese Art der Reinigung die leichteste und man hat im Gegensatz zum Abkratzen fast keine Verluste.

Malen mit Aquarellfarben

Einführung in die Aquarellfarben

Vergleichbar den wunderbaren Farberscheinungen im Naturzusammenhang, zum Beispiel im Himmelsblau, im Sonnenauf- und -untergang, im Regenbogen, kann in den Aquarellfarben das Wesen der Farben unmittelbar erlebt werden. Durch das wässrige, fließende Element gibt sich der Malende einem ständig sich wandelnden Farberleben hin, das durch das prozesshafte Geschehen seine Innerlichkeit regsam werden lässt. Daher kann gerade das kleine Kind in seiner Offenheit der Welt gegenüber unmittelbar in das Wesen der Farben eintauchen. Für seine in das Leben mitgebrachte schöpferische Fantasie ist das Aquarellmalen eine tief wirksame und harmonisierende Gestaltungsmöglichkeit. So möchte man jedem Kind sehr wünschen, dass es außer dem Malen mit Wachsfarben auch das Malen mit Aquarellfarben durchführen darf, selbst wenn Letzteres in der Vorbereitung aufwendiger ist. Gemeint sind hier die aus Tuben oder Gläschen mit Wasser angerührten Farben. Im flüssigen, fließenden Element kann ein besonderes Verhältnis zur Farbe entstehen. – Wer zu Hause vielleicht nichts anderes als einen Kindermalkasten mit Farbtabletten zur Hand hat, kann sich dadurch helfen, dass er etwas Wasser in ein Schüsselchen gibt und mit einem nassen Pinsel von der Farbtablette etwas Farbe aufnimmt und in dem Wasser auflöst.

Im Vergleich zu den Wachsfarben haben die Aquarellfarben eine noch größere Reinheit, Transparenz und Differenzierungsmöglichkeit. Sie werden mit leicht löslichen Bindemitteln wie Gummiarabikum und lichtbeständigen, industriell gewonnenen Farbpigmenten hergestellt. Sie sind für verschiedene Maltechniken geeignet, doch sollen die Ausführungen in diesem Buch auf die Nass-in-Nass-Technik, die für das kleine Kind in den Jahren bis zur Schulreife besonders förderlich ist, beschränkt bleiben.

Die Aquarellfarben werden im Handel in einer breiten Farbskala angeboten. Für die Arbeit mit Kindern in der Vorschulzeit genügen die drei Grundfarben, die wir – wie nachfolgend beschrieben – jeweils in einem helleren und dunkleren Farbton zum Mischen verwenden. Sie sind sehr ergiebig.

Wer die Farben nicht mischen möchte, kann die in jüngster Zeit entwickelten sogenannten Farbkreisfarben verwenden, die in den Primärfarben Rot, Blau und Gelb angeboten werden. Dies sind auch Aquarellfarben.

Das Malmaterial

Es wird benötigt:

- Aquarellmalfarben in Zitronengelb, Goldgelb, Zinnoberrot, Karminrot, Ultramarinblau, Preußischblau
- Malbretter, Format etwa 35 x 50 cm aus Pressholz oder Kunststoff (wir haben nach langjähriger Erfahrung Kunststoffbretter mit leicht abgerundeten Ecken bevorzugt, weil sie sich nicht wölben)
- Malpapier: Aquarellpapier, gut saugfähig, DIN A3
- flache Haarpinsel 18 bis 22 cm breit (Borstenpinsel sind sehr rau)
- Wassergläser (alte Marmeladengläser)
- kleine Gläser oder Glasschüsselchen für die angerührten Farben
- kleine Kännchen (möglichst mit Deckel) zum Anrühren der Farben und zum Ausgießen in die Farbgläschen. Sie dienen auch zum Aufbewahren der übrig bleibenden Farben
- Schwämme
- evtl. Wasserwanne zum Tauchen der Malblätter
- Wachstuch zum Abdecken der Tische
- Tischklammern zum Befestigen des Wachstuches
- Arbeitsschürzen oder Malkittel.

Die Vorbereitung für das Aquarellmalen im Kindergarten

Die Vorbereitung nimmt im Vergleich zu dem eigentlichen Malvorgang einen ziemlich breiten Raum ein. Sie ist aber für das Miterleben und Mithelfen der Kinder sehr wichtig. In ganz bestimmter Reihenfolge werden der Raum und die einzelnen Materialien hergerichtet, und damit entsteht schon die recht emsige Stimmung, die dann im Malen selbst zu einem fröhlich-ruhigen Höhepunkt kommt.

Ganz entscheidend sind dabei auch die verschiedenen Arbeitsgesten des Erwachsenen. *Wie* er zum Beispiel die Wassergläser auf den Tisch stellt, die Bretter aus dem Bord zieht und dem Kind übergibt, offenbart seine innere Gestimmtheit. Sein sorgsamer, pfleglicher Umgang mit den Malgegenständen und den Farben lässt die Kinder Sorgfalt und Achtung erleben und auch nachahmen.

Die folgenden Vorbereitungsschritte sind nur beispielhaft gegeben. Sie beruhen zwar auf langjähriger Erfahrung, können aber je nach Situation auch in ganz verschiedener Weise durchgeführt werden. Wichtig ist nur, dass sie durch einen regelmäßigen Ablauf zu guten Gewohnheiten werden und dass die Kinder sich jederzeit auch spontan helfend beteiligen können.

58

Da wir das Malen während der freien Spielzeit der Kinder einrichteten, stellten wir als Erstes gleich am Morgen vier Tische zu einer Tafel zusammen und einen fünften daneben als Vorbereitungstisch. Das heißt, es konnten dann später höchstens acht Kinder gleichzeitig malen. Über die Tische wurde zum Schutz ein einfarbiges Wachstuch gerollt, das mit Tischklammern befestigt wurde. Nun war es für alle noch später eintreffenden Kinder klar, dass die Tische für diesen Tag nicht zum Spielen zur Verfügung standen.

Jetzt durften die Malblätter ein «Bad» nehmen, indem sie durchs Wasser gezogen und alle aufeinander auf ein Malbrett gelegt wurden. Es ist gut, wenn man sie nicht deckungsgleich übereinander legt, damit sie sich leichter wieder abnehmen lassen. Obendrauf wird auch ein Malbrett gelegt. Während der folgenden Vorbereitungen können die Blätter dann gut durchfeuchten und lassen sich später sehr leicht auf die Bretter aufziehen.

Als Nächstes wurden die Wassergläser gefüllt, aber nur halb voll, damit der hölzerne Pinselstiel möglichst geschont blieb. An jeden Malplatz kam ein Wasserglas und daneben ein Schwamm (Abb. 59/60).

Nun wurden am Vorbereitungstisch in den kleinen Kännchen die Farben angerührt (Abb. 58). Wenn noch ein Rest vom letzten Malen übrig war, wurde er aufgerührt und ergänzt. Stets mischten wir die Farben ein wenig, so dass ein warmes

Gelb, ein leuchtendes, nicht zu helles oder zu blaustichiges Rot und ein schönes mittleres Blau entstanden. Das heißt, dem Zitronengelb wurde ein wenig Goldgelb, dem Zinnoberrot ein wenig Karminrot, dem Ultramarinblau ein wenig Preußischblau hinzugefügt. Vorsicht, die Farben sind sehr intensiv und daher sparsam im Gebrauch. Es wird solange immer wieder ein wenig Wasser dazugegeben, bis der Farbton, der auf einem Probierblatt getestet wird, befriedigt. Die Farben sollten nicht zu dick angerührt werden.

Sehr leicht lassen sich mit den Kännchen dann die Farben in die Farbgläschen gießen. Wir nahmen jeweils drei Gläschen für zwei sich gegenüberstehende Kinder (Abb. 59/60).

Zum Schluss wurde der Vorbereitungstisch gerichtet. Darauf lag dann der Stoß mit den feuchten Blättern, standen ein kleines Eimerchen mit etwas Wasser und einem Schwamm (zum Aufziehen der Blätter), das Pinselkörbchen und ein Bleistift.

Aus dem Bretterbord im Malschrank (die Türe ist am Maltag stets ausgehängt) wurde jeweils ein frisches Brett zum Blattaufziehen auf den Vorbereitungstisch gelegt. Das feuchte Blatt wurde aufgelegt und mit dem Schwamm von der Mitte aus nach allen Seiten glatt gestrichen. Es sollte keine Blasen haben. Mit dem Bleistift wurden der Name des Kindes und das Datum in die Ecke geschrieben.

Inzwischen hatten sich die ersten Kinder mit

59

60

Arbeitsschürzen und hochgekrempelten Ärmeln am Maltisch eingefunden. Während des Blattaufziehens wurden sie nacheinander mit folgendem Reim herbeigerufen:

Jedes Kind empfing das vorbereitete Brett (richtig herum), dazu den Pinsel, und trug es an seinen Platz. Manchmal brachte es auch der Erwachsene an den Platz, besonders für die Dreijährigen. Jeder schob seinen Stuhl zurück und begann im Stehen sogleich mit dem Malen. Im Stehen haben die Kinder einen besseren Abstand und Überblick über das Farbgeschehen, sie halten den Pinsel lockerer und kommen nie, falls sie einen Malkittel tragen, mit den Ärmeln auf das Malbrett.

Eine inhaltliche Einführung in Form eines Themas oder etwa einer Farbgeschichte ist für Kinder vor der Schule nicht notwendig. Sie sind durch die Tätigkeit des Vorbereitens – selbst wenn sie nicht direkt daran beteiligt waren – so eingestimmt, dass sie unmittelbar den Pinsel ergreifen und in das Farberleben eintauchen können.

In der Familie können die Vorbereitungsschritte im Kleinen ähnlich durchgeführt werden.

Kurze Einführung in das Aquarellmalen für Erwachsene

Kinder sollten vom Erwachsenen durch Nachahmung lernen mit Pinsel und Farben umzugehen, und nicht durch Erklärungen. Daher seien, bevor wir uns dem Malen der Kinder zuwenden, einige einführende Hinweise für den Erwachsenen gegeben. Wir beschränken uns dabei auf die Nass-in-Nass-Technik.

Wenn wir uns einen Malplatz gerichtet haben, so wie es weiter oben beschrieben wurde, und wir nun auch mit Schürze und hochgekrempelten Ärmeln dastehen, ergreifen wir den Pinsel ganz locker in der oberen Hälfte des Stieles, nicht wie einen Bleistift, und tauchen ihn in ein Farbgläschen ein. Wir streichen ihn etwas am Rand ab und tragen dann die Farbe auf das durchfeuchtete Blatt auf. Der Pinsel sollte dabei zart, überwiegend in einer Richtung geführt werden und nicht etwa kreisend herumwischend oder gar hin und her, wie es ein Maler bei einer Wand macht. Wir lassen alle gegenständlichen Vorstellungen beiseite und bemühen uns, nicht mit dem Pinsel zu zeichnen, sondern versuchen einfach eine oder zwei Flächen mit Zwischenraum zu malen. Danach waschen wir den Pinsel im Wasserglas gut aus und tupfen ihn auf dem Schwamm ab. In gleicher Weise nehmen wir eine zweite und vielleicht sogar dritte Farbe hinzu und lassen ein freies Farbenspiel entstehen. Wir lassen die Farben miteinander «sprechen». Dabei machen wir dann die Erfahrung, dass durch das Zusammenfließen von zwei Farben an manchen Stellen Mischfarben entstehen. Durch weiteres Üben werden wir auch andere Erfahrungen machen: wie man zum Beispiel die Farben aufhellt, indem man nur sehr wenig Farbe an den Pinsel und etwas mehr Wasser dazu nimmt; oder wie man auch verhindern kann, dass zwei Farben zusammenfließen, indem man den Pinsel sehr gut abstreift und Acht gibt, dass die Stellen auf dem Blatt nicht zu nass sind; oder wie ganz allgemein zu viel Flüssigkeit an manchen Stellen mit dem «trockenen» Pinsel aufgenommen und am Schwamm abgetupft werden kann. Pfützen auf dem Bild ergeben nach dem Trocknen unschöne Ränder.

Diese technischen Hinweise sind wirklich nur für die Aufmerksamkeit des Erwachsenen bestimmt. Kinder dürfen unbefangen ihre eigenen Erfahrungen machen. Wir sollten sie nicht korrigieren, sondern ihnen ein gutes Vorbild sein, das sicher ist im Umgang mit Pinsel und Farben und zudem auch Freude ausstrahlen kann bei diesem Tun. Aber alle gegebenen Hinweise sind nur die Voraussetzungen für das Gelingen. Der Prozess eines lebendigen, harmonischen Farbenspieles, eines Zusammenklingens der Farben, das ist es, worauf es ganz besonders ankommt.

Das Malen mit Aquarellfarben im Kindergarten

Ohne in das Malen einführende Worte, ohne Farbgeschichten, auch ohne Themenstellung tauchen die Kinder unbefangen und voller Freude den Pinsel in die Farben und verfolgen die verfließende Spur. Mit den sich auf dem Blatt bewegenden Farben, den immer wieder neu sich ergebenden Farbsituationen wird auch das Kindeswesen innerlich bewegt und regsam und noch dazu froh gestimmt.

Die Beschränkung auf die drei Grundfarben Rot, Gelb und Blau eröffnet den Kindern eine nuancierte Farbenskala in unglaublicher Reichhaltigkeit, die sie mit zunehmendem Alter immer bewusster und gezielter einzusetzen vermögen.

Im Folgenden sollen die Kinder der verschiedenen Altersstufen in ihrem Malverhalten geschildert werden. Gleichzeitig wird damit ein Einblick gegeben, wie wir die Kinder beim Malen begleiten und von Stufe zu Stufe fördern können.

Vorweg sei noch einmal darauf hingewiesen, dass sich der Erwachsene selbstverständlich selbst auch malend immer wieder zu den Kindern dazugesellt und sie an ihm nicht nur Besonnenheit und Ruhe in der Pinselführung und den technischen Verrichtungen, sondern auch seine Freude an diesem Tun erleben können. Dies alles ist besonders für sowohl unregsame als auch überaktive Kinder aus therapeutischen Gründen unerlässlich.

Die Dreijährigen

Den Jüngsten hatten wir am Maltisch immer die beiden äußersten Plätze zugedacht (Abb. 61). Wenn sie sich einen Stuhl herangezogen hatten, stellten wir ihnen das Farb- und Wasserglas an die Seite neben das Malbrett, damit sie es gut erreichen konnten. Meistens sind sie ganz still und emsig beim Malen, bewegen entweder schwungvoll oder zaghaft den Pinsel auf dem Papier hin und her und man kann das Empfinden haben, als sei für sie die Bewegung und die damit verbundene Farbspur das Allerwichtigste. Es kommt auch gelegentlich vor, dass vor lauter Energie in dem Blatt ein Loch entsteht. Dann habe ich den Pinsel sorgfältig ausgewaschen, am Schwamm abgetupft und dem Kind ganz zart damit über den Handrücken gestrichen, indem ich sagte: «Schön weich – so weich möchte auch der Pinsel das Blatt streicheln.» Obwohl man den Kindern den Pinsel richtig in die Hand gibt, wechseln ihn manche während der ersten Male noch um und greifen ihn von oben (siehe Abb. 61; S. 57). Im Allgemeinen gewöhnen sie sich aber sehr schnell an die richtige Pinselhaltung. In der ersten Zeit gaben wir den Dreijährigen zunächst nur ein Farbgläschen mit roter Farbe (Abb. 62). Wenn einmal ein Kind lieber ein gelbes oder gar ein blaues Farbgläschen wünschte, dann gaben wir ihm gern ein solches. Manche Kinder malen voll Freude nur wenige Pinselstriche und springen dann wieder fort, um irgendwo zu spielen. Andere malen so lange und beharrlich, bis das Farbgläschen leer ist, und sagen dann ganz befriedigt: «Jetzt bin ich fertig.» Wieder andere empfinden große Lust beim Eintauchen des Pinsels sowohl ins Wasserglas als auch ins Farbgläschen, und in beiden ist dann bald kein Unterschied mehr zu erkennen. An diesen verschiedenen Verhaltensweisen dürfen wir unsere stille Freude haben. Sie korrigieren sich meist sehr rasch durch die Nachahmung.

Wenn ein solches Kind im Laufe der Zeit bemerkt hat, dass die benachbarten Kinder noch andere Malfarben hatten – es tauchte dann ganz souverän dort seinen Pinsel ein –, dann gaben wir ihm ein gelbes Farbtöpfchen dazu. Da sie anfangs noch oft die Farben übereinander malen, so entsteht dann ein leuchtendes Orange. Würden sie auch noch Blau dazu nehmen, so entstünde mit der eher dunklen undifferenzierten Farbfläche beim Übereinandermalen der Farben kein schöner Sinneseindruck.

61

62

Die Vier- bis Fünfjährigen

Sobald ein Kind das Blau entdeckte und danach fragte, gaben wir ihm ein solches Töpfchen dazu. Es ist fast immer die Zeit, in der sie die Farben nicht mehr nur übereinander, sondern auch nebeneinander setzen. Dies war dann auch der richtige Augenblick, um sie auf einige technische Vorgänge aufmerksam zu machen, indem der Erwachsene es langsam tat, erzählte er dazu: Dass der Pinsel immer gut im Wasserglas die «Füße» baden muss, dass er sie dann auf dem Schwamm abtrocknen muss, ehe er in die neue Farbe eintauchen darf. Es erklingen diese Worte ja öfter, weil immer wieder ein anderes Kind in die gleiche Situation kommt. Oder es geschieht auch mitunter, dass sich ein Kind beschwert, weil von seinem Gegenüber zum Beispiel die gelbe Farbe verunreinigt wurde. Da kann man dann schnell helfen, indem man tröstend sagt: «Da hat wohl der Pinsel vergessen, die Füße zu baden.» Dann wäscht man das Gläschen geschwind aus und gießt ein wenig neue Farbe ein.

Wenn die Kinder nun alle drei Farben zum Malen haben, entdecken sie mit größter Freude, wie durch das Zusammenfließen an manchen Stellen neue Farbtöne entstehen, wie zum Beispiel Grün, Violett und Braun (Abb. 64, 65). Aber neben dem

63

64

65

Farbenspiel auf dem Papier, über das sich die Kinder oft mit staunenden oder überraschten Worten äußern, verfolgen sie mit Freude auch die sich ständig verändernde Farbe in ihrem Wasserglas. Solch eine Freude können sie dann nicht für sich behalten, sondern müssen sie den anderen Kindern mitteilen. Wenn dann das ganze Blatt bemalt ist und die Farben so recht durch das wässrige Element leuchten und glänzen, so tritt bei den Kindern ein Augenblick tiefster Befriedigung ein. Mit strahlenden Augen tragen sie ihr Malbrett mit dem Bild zum Bretterbord und schieben es ins Fach, gehen aber oft noch beim Erwachsenen vorbei, der sich dann mit ihnen freuen kann. Bevor sich die Kinder wieder dem Spielen zuwenden, tragen sie ihren Pinsel an den dafür vorgesehenen Platz und holen frisches Wasser in ihr Wasserglas. Der Erwachsene wischt – falls nötig – den Platz wieder sauber, so dass für das nachfolgende Kind alles wieder schön in Ordnung ist. Sobald die Kinder ihre Bilder ins Fach zum Trocknen gebracht haben, ist es ihnen nicht mehr so wichtig. Die Freude aber und die durch das Malen vielleicht entstandene innere Harmonie wirken in das weitere Spiel hinein.

Die Fünfeinhalb- und Sechsjährigen

Kinder im letzten Jahr vor der Schule haben sich oft schon etwas vorgenommen zu malen, bevor sie den Pinsel in die Farbe tauchen. Vielleicht wollen sie zunächst eine bestimmte Farbe entstehen lassen oder haben in ihrer Vorstellung zum Beispiel ein Schloss, einen Regenbogen, einen Baum oder den Sternenhimmel (Abb. 66–69, S. 60). Aber durch die flüssige Farbe in Verbindung mit dem feuchten Blatt kann es nicht zu festen Konturen kommen, was der daran weitergestaltenden Fantasie nur zugute kommt. So geschieht es immer wieder, dass sich die ursprüngliche Form plötzlich sehr verändert und die Fantasie etwas ganz anderes daran entdeckt, an dem das Kind dann weitermalt. Während des Malens erzählen diese Kinder

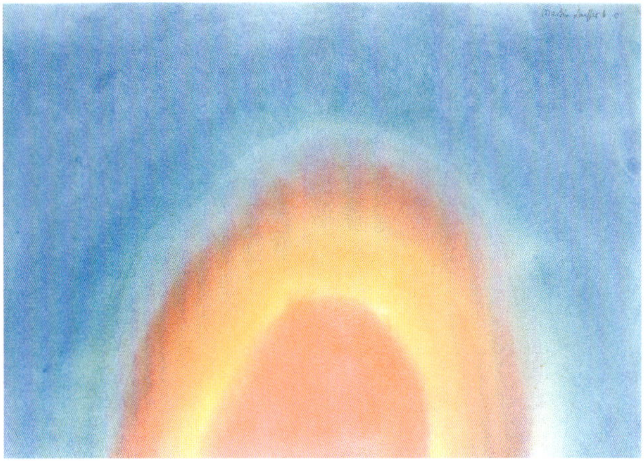

66

67

68

69

sich gelegentlich untereinander oder dem Erwachsenen etwas zu ihrem Bild oder sie machen sich auf ein Vorhaben oder eine besonders schöne Farbe aufmerksam. Wenn sie fertig sind, ist es ihnen eine Selbstverständlichkeit, Pinsel und Wasserglas zu versorgen, wie schon weiter oben beschrieben.

Werfen wir noch einmal einen Blick über den Maltisch, an dem alle Altersstufen beieinander sind, so fällt auf, dass die Jüngsten meistens ganz still und emsig tätig sind und alles um sich her für Augenblicke zu vergessen scheinen. Die Kinder der mittleren Altersstufe sind viel munterer in ihrer Entdeckerfreude, die sie unbedingt und oft impulsiv mitteilen müssen. Bei den Ältesten dominiert eher ein konzentriertes, eifrig stilles Schaffen in besonnener und behutsamer Weise.

Mit dem Schulbeginn tritt an die Stelle des freien fantasievollen Umgangs mit der Farbe das gezielte, durch den Lehrer geführte Malen. Das heißt, der Lehrer schildert mit fantasievollen Worten die Aufgabe, die meist in Form einer Farbgeschichte gegeben wird und später in stofflichem Zusammenhang mit dem Unterrichtsgeschehen steht. Der Malvorgang wird in seinen einzelnen, auch von der Maltechnik her bedingten Schritten geführt. Was entstanden ist, wird später gemeinsam angeschaut.

70

Die Nachbereitung

So wie bei der Vorbereitung finden sich auch beim Abräumen des Maltisches oft Kinder zum Helfen ein. Wichtig ist auch hier, dass es in einigermaßen gleichbleibender Reihenfolge geschieht, weil die Kinder spontan dazu kommen und sich eingliedern können. So erlebte ich immer wieder, dass gerade die Vierjährigen, wenn sie sahen, dass wir die Wassergläser ins Spülbecken trugen, sich ein Schemelchen dazu holten. Mit Schwamm im warmen Wasser zu hantieren ist ihnen eben eine besondere Freude. Die Farbgläschen wurden auf den Vorbereitungstisch getragen, und wenn es noch übrige und saubere Farben gab, wurden sie in die Kännchen zurückgegossen. Dann wurden auch diese Gläschen gespült. Die Farben lassen sich eine Zeit lang aufheben und wieder verwenden. Am besten stellt man sie in den Kühlschrank. Wenn sie nicht mehr so gut riechen, sollten sie erneuert werden. Es ist zu empfehlen, möglichst nur so viel Farbe anzurühren, wie ungefähr gebraucht wird. Die Schwämme und Pinsel wurden stets von einem Erwachsenen ausgewaschen und zum Trocknen gelegt. Nachdem das Wachstuch abgewischt und trocken gerieben war, wurde es wieder sorgfältig auf die Rolle gewickelt. Am nächsten Morgen sammelten wir die getrockneten Bilder ein und dann konnten die Bretter gereinigt werden. So war alles wieder sauber und gerichtet für den nächsten Maltag.

Pädagogische Fragen zur Organisation und Durchführung des Aquarellmalens im Kindergarten

Zu den immer wieder gestellten und nach den bisherigen Ausführungen im Leser vermutlich auch entstandenen Fragen soll hier noch etwas gesagt werden.

Für manchen mag es schwer vorstellbar sein, wie im Kindergarten Spielen und Malen im selben Raum nebeneinander geschehen kann, ohne dass es zu viel Unruhe gibt. Und wie schafft es der Erwachsene, beides im Auge zu behalten?

Wenn man mit den Vorbereitungen für das Malen wie beschrieben gleich am Morgen beginnt und die Kinder nach ihrer Ankunft wie gewohnt sich dem freien Spielen zuwenden, so gibt es immer einige Kinder, die sich mitschaffend bei der Arbeit des Erwachsenen einfinden. Und diese Arbeit ist an diesem Tag die Durchführung des Malens. Und wenn der Erwachsene es vermag – so wie an jedem anderen Tag –, das Spielen der einzelnen Kinder neben seiner Arbeit mit Interesse zu begleiten und wenn nötig zu lenken, dann besteht kein Grund für irgendeine Unruhe. Die Erfahrung lehrt vielmehr, dass es an solchen Maltagen eher besonders harmonisch zugeht. Es wird dies auch der Wirkung des Umgangs mit den flüssigen Farben zuzuschreiben sein.

Wie ist es nun zu schaffen, dass wirklich alle Kinder bis zum Ende der Zeit gemalt haben? Jedes Kind hat im Verlauf seines Spielens mehr oder weniger intensive Phasen. In Letzterer spürt es unter Umständen spontan die Lust zum Malen, besonders wenn es dann gerade einen freien Platz am Maltisch entdeckt. Manche Kinder warten auch gern einen Augenblick und schauen den malenden Kindern zu. Zu manchen Kindern bin ich auch in einem geeigneten Augenblick hingegangen und sagte etwa: «Jetzt ist gerade ein Platz für dich am Maltisch frei.» Entweder kam es sofort mit oder versprach, gleich zu kommen. Und wenn eines nicht malen wollte, so ließ ich es weiter spielen. Erfahrungsgemäß kam es dann gegen Ende der Zeit doch noch, und wenn nicht, tolerierte ich es.

Es kann vorkommen, dass Sechsjährige gleich morgens, wenn sie ankommen, zum Beispiel erklären: «Heute kann ich nicht malen, ich will doch wieder den Reisebus bauen mit den Schlauchbooten, und das dauert ganz lange!» In solch einer Situation nickte ich verständnisvoll und war einverstanden. Wenn ich dann aber gegen Ende der Spielzeit anfing, den Maltisch abzuräumen, kam dann unter Umständen Protest: «Ich habe doch noch nicht gemalt!» Ein oder zwei Malplätze je nach Bedarf ließ ich dann noch gerichtet und solch ein Kind konnte in aller Ruhe auch noch malen.

Im Allgemeinen entsteht bei den Kindern durch die rhythmische Wiederkehr des Maltages eine gute Gewohnheit und ein natürliches Verlangen nach Wiederholung. Die ist – nur auf anderer Ebene – dem Hungergefühl vergleichbar.

Aquarellmalen in der Familie

Zu Hause können die Vorbereitungs- und Aufräumarbeiten in der geschilderten Weise wie im Kindergarten oder entsprechend durchgeführt werden. Ob das Kind oder die Kinder sich daran beteiligen, kann offen bleiben. Wichtig ist nur, dass alles in Ruhe und in gleicher Reihenfolge geschieht. Wenn die Kinder nicht mithelfen, so erleben sie doch das Tun des Erwachsenen und nehmen es mehr oder weniger bewusst in ihre Gewohnheiten auf.

Für das Malen selbst ist zu empfehlen, dass auch ein Erwachsener mit malt. So hat das Kind stets ein Vorbild und jemanden in der Nähe, dem es seine glücklichen Erfahrungen mitteilen kann. Durch die Anwesenheit des Erwachsenen wird die Besonderheit dieses künstlerischen Tuns unterstützt und es kann nicht zu einem Herumschmieren kommen.

Vielmehr wird es jedesmal erneut zu einem freudig-festlichen Ereignis und schafft nicht zu unterschätzende Verbindungen in der Eltern-Kind-Beziehung.

Malen mit Pflanzenfarben

Einführung in die Pflanzenfarben

In der alten Färberkunst ist die Gewinnung von Pflanzenfarben seit langem bekannt. Als Malfarben aber gab es – außer Indigo und Krapprot – kein reiches Angebot. Erst am Beginn des 20. Jahrhunderts wurde von Rudolf Steiner und seinen Mitarbeitern ein breiteres Farbsortiment an Pflanzenfarben entwickelt, das inzwischen immer weiter verbessert werden konnte. Die Forschung auf diesem Gebiet ist bei allen Herstellern in steter Entwicklung begriffen.

Pflanzenfarben sind aus dem Lebensprozess der Pflanzen gewonnene Farben, und zwar aus allen vier Bereichen der Pflanze: dem Wurzel-, Blatt-, Blüten- und Fruchtbereich. Sie wirken wohltuend und nicht aufdringlich und es kann mit ihnen das innige und intime Farberleben noch gesteigert werden. Wer sich selbst einmal eine Zeit lang mit Pflanzenfarben beschäftigt hat und sich unbefangen dem Malprozess hingibt, kann erleben, wie das Lichtvolle dieser Farben eine nie geahnte Lebendigkeit entfaltet. Man hat immer wieder den Eindruck, dass sich bei aller Zurückhaltung etwas von dem Lebendigen der Pflanze in den Farben offenbart. So kann man sich leicht vorstellen, dass auf die Sinnesnatur des Menschen und besonders die des sich entwickelnden Kindes eine belebende, man könne auch sagen therapeutische Wirkung ausgeübt wird, ähnlich der Vielfalt der Farbeindrücke in den Naturstimmungen und dem Pflanzen- und Blütenbereich. Das Malen mit Pflanzenfarben kann ein gutes Gegengewicht schaffen zu den vielen uns umgebenden, aufdringlichen synthetischen Farben.

Material für das Malen mit Pflanzenfarben

- Pflanzenmalfarben
- Pigment Farben in Pulverform
  Folgende Farben haben sich in Kindergärten bewährt: Reseda-Zitronengelb oder
  Kreuzdorn-Goldgelb oder
  Gutti-Goldgelb
  Krapp-Rot (rein)
  Indigo-Blau
- Wachs-Harz-Emulsion (Bindemittel)
- einige Reibschalen mit Stößel
- Aquarellpapier, gut saugfähig, DIN A3 oder DIN A4
- flache Haarpinsel 18 bis 20 mm breit
- Wassergläser
- Farbgläschen oder kleine flache Schüsselchen
- Schwämme

- evtl. Wasserwanne oder Schüssel zum Tauchen der Malblätter
- Wachstuch zum Abdecken der Tische
- Tischklammern
- Arbeitsschürzen oder Malkittel

Die Vorbereitung für das Aquarellmalen mit Pflanzenfarben

Die Vorbereitungen beginnen mit dem Reiben der Pigmentfarben in kleinen Reibschalen mit Stößeln.

71

Dies ist eine scheinbar zeitaufwendige Tätigkeit. Es ist aber eine erfüllte und erlebnisreiche Zeit. Die Kinder helfen gern dabei mit (Abb. 71).

Sie reiben sehr sorgfältig und achten darauf, dass nichts von den kostbaren Substanzen verloren geht. Wir reiben in aller Ruhe und haben keine Eile dabei. Zunächst reiben wir das trockene Pulver solange, bis es ganz weich und samtig wird (ca. 1 Minute). Es ist ein ruhiges, fast rhythmisches Geräusch, das dabei entsteht, und es wird ein feines Tasterlebnis entwickelt.

Dann geben wir die Wachs-Harz-Emulsion (wir nennen sie Pflanzensaft) dazu, von der ein wohlriechender Duft ausgeht. Am besten nehmen wir für die Emulsion eine Pipette, denn sie muss unter ständigem Weiterreiben tropfenweise solange hinzugefügt werden, bis es richtig schön glänzt. Danach wird ganz wenig Wasser dazu getan, indem der Erwachsene mit dem Pinsel etwas Wasser aufnimmt und am Rand des Schälchens abstreift. Dies wird einige Male wiederholt, bis der gewünschte Farbton erreicht ist. Vorsicht, man kann den Farbton nur heller, aber nicht mehr intensiver machen. Man muss es immer auf einem Blatt ausprobieren. Die Farben sollten nicht zu dick angerührt werden. Im Vergleich zu den synthetischen Farben haben sie eine zartere Leuchtqualität.

Während des Reibens fragen die Kinder immer wieder einmal interessiert nach den Namen der

Pflanzen, von denen wir die Farben geschenkt bekommen, besonders wenn sie schon erlebt haben, dass Pflanzen gesammelt und getrocknet und ein Sud daraus gekocht wurde, der zum Färben von Seide oder Wolle Verwendung fand. Auch beobachten sie staunend, wie sich der Farbbrei ständig verändert und dass das «scheinbar» schwarz aussehende Blau im Reibschälchen nachher so ein schönes zartes Blau wird. So werden den Kindern schon durch die Zubereitung der Farben reiche Erlebnisse vermittelt, die sie intensiv mit den Farben in Beziehung bringen.

Aus den Reibschälchen gießen wir die fertig gerührten Farben in kleine Glasschüsselchen oder Farbgläschen, aus denen dann die Kinder malen.

Der Vorgang des Reibens kann mehrmals wiederholt werden, wenn man die Menge nur für wenige Kinder jeweils berechnet. Mit entsprechend größeren Reibschälchen kann selbstverständlich auch gleich die für eine ganze Gruppe benötigte Menge auf einmal zubereitet werden.

Im Handel werden auch fertig angerührte Pflanzenfarben in Pastenform in Gläschen angeboten, mit denen sich vielleicht leichter malen lässt, bei denen aber einiges vom Wesentlichen der lebendigen Pflanzenwirkung verloren geht. Die Pigmentfarben (Pulverfarben) sind im Verbrauch rentabler und unbegrenzt haltbar.

Benötigte Menge:
Die Menge des Farbpulvers lässt sich nur annähernd angeben. Es wird aber jeder rasch herausfinden, wie viel er jeweils für jede Farbe braucht. Es hängt auch davon ab, wie intensiv die Farben gewünscht werden und welches Format für die Malblätter gewählt wird.

Für ca. 20 Kinder kann als Richtmaß für das Farbpulver etwa ein gestrichener Teelöffel sein. Vom Blau braucht man weniger, weil es sonst zu dunkel wird, vom Gelb unter Umständen etwas mehr. (Auf eine gute Teelöffelspitze Farbpulver braucht man etwa 12 bis 15 Tropfen Wachs-Harz-Emulsion.)

Für das Malen werden wieder durchfeuchtete Blätter aufgezogen (siehe Vorbereitung für das Aquarellmalen S. 51 f.). Sie dürfen ruhig gut feucht sein, weil die Pflanzenfarben nicht so leicht fließen.

Der Malvorgang

Nach den verhältnismäßig langen Vorbereitungen freuen sich die Kinder nun auf das Malen. Sie brauchen auch hier keine einführenden Worte durch den Erwachsenen und keine Farbgeschichte. Völlig unbefangen beginnen sie zu malen. Doch durch die besondere Vorbereitung und die Tatsache, dass im Farbschüsselchen etwas weniger Farbe ist als bei den anderen Farben, sind sie von selbst schon etwas vorsichtiger. Die größeren Kinder kann man eventuell darauf aufmerksam machen, dass die Farben sehr kostbar sind und wir daher versuchen, den Pinsel so lange malen zu lassen, bis er keine Farbe mehr verschenken kann, und erst dann spülen wir ihn im Wasserglas aus. Wichtig ist auch, dass ein Erwachsener mit malt und die Kinder nicht nur durch Worte, sondern vor allem durch seine ruhigen Gesten und den behutsamen Umgang mit den Farben das Besondere des Tuns erspüren können. Das der Altersstufe der Kinder entsprechende unterschiedliche Verhalten beim Malen entspricht der Schilderung auf Seite 56 f. und braucht hier nicht wiederholt zu werden.

Die folgenden Abbildungen sind aus verschiedenen Kindergärten.

72

73

75

Nachbereitung

Wenn nach dem Malen noch etwas Farbe übrig sein sollte, so kann man sie in die Reibschale zurücktun und trocknen lassen. Am nächsten Maltag kann sie mit ein paar Tropfen Wasser wieder angerieben werden.

Die Reibschälchen brauchen nicht ausgewaschen zu werden. Nur wenn sie ganz leer sind und auch die letzte Farbe noch mit dem Pinsel verwertet wurde, kann man dies tun. Ansonsten benutzt man sie wieder, damit ja nichts von der Substanz verloren geht.

Die Pinsel werden mit etwas Seife ausgewaschen und gut ausgespült, damit sie nicht verkleben.

Alle weiteren Aufräumarbeiten sind wieder gleich wie weiter oben beim Aquarellmalen beschrieben (siehe S. 62 f.).

Erfahrungen mit den Pflanzenfarben

Wer zum ersten Mal Bilder sieht, die von Kindern mit Pflanzenfarben gemalt wurden, mag sich zunächst vielleicht wenig davon angesprochen fühlen. Deshalb soll darauf hingewiesen werden, dass die Bilder nur das Ende eines mehr oder weniger ereignisreichen Prozesses darstellen. Der Prozess aber ist es, worauf es primär ankommt. Durch das Trocknen der Bilder geht wie bei allen Aquarellbildern leider ein Teil des Glanzes und der Leuchtkraft der Farben verloren. Und dennoch offenbart sich einem etwas sehr Geheimnisvolles. Wer sich durch wiederholtes Anschauen mit solchen Bildern beschäftigt, das heißt sich wirklich auf die Farbklänge einlässt, kann eine unglaubliche Tiefenwirkung und Beweglichkeit der Farben bemerken. Die eher zarten und in keiner Weise aufdringlichen Pflanzenfarben kommen einem nicht so entgegen, wie man es von anderen Farben kennt, sondern erst nachdem man selbst innerlich aktiv wurde, sich immer wieder hineinvertieft hat. Solch eine Wahrnehmung kann leicht auch schon während des Malens auftreten, und man kann sich vorstellen, dass das Kind mit seiner Offenheit diese lebendigen Prozesse unbewusst und manchmal auch freudig aussprechend in sich aufnimmt. Es verbindet sich dann das lebendige Pflanzenfarbenwirken mit den lebendigen, leibaufbauenden Kräften des Kindes.

Für alle diejenigen, die sich mit den Pflanzenfarben anfreunden wollen, ist es ratsam, sich zunächst selbst eine Zeit lang malend damit zu beschäftigen. Am besten geht das gemeinsam mit anderen, weil man sich gegenseitig auf verschiedene Phänomene und Verhaltensweisen beim Malen aufmerksam machen kann. Und erst wenn man selbst den Zugang zu den Farben und die Freude daran erfahren hat, kann man diese Freude auch bei den Kindern ausstrahlen. Wer sich dann entschließt, die Pflanzenfarben bei den Kindern einzuführen – es könnte ja unter Umständen auch einmal für eine begrenzte Zeit sein –, der wird gewiss auch eine Möglichkeit finden, mit dem verständlicherweise etwas höheren Kostenaufwand zurecht zu kommen.

Malen mit Pflanzenfarbkreiden

Ein weiteres Angebot zum Malen und Zeichnen mit Pflanzenfarben sind die Wachspastellkreiden. Ähnlich wie die Pflanzenaquarellfarben sind sie in den Farbtönen zwar zurückhaltend, haben aber eine besondere, den Pflanzenfarben eigene Leuchtkraft.

Die Kinder malen gern mit diesen Kreiden und sie haben in keiner Weise Mühe damit. Sie stellen fest, dass sie schön weich sind. Auch fragen sie interessiert nach den Pflanzennamen. Für die bessere Handhabung habe ich die etwas langen Kreiden in der Mitte durchgeteilt. Dadurch wird auch vermieden, dass sie während des Malens oder beim Herunterfallen in ungleiche Stücke zerbrechen.

Im Sortiment der Wachspastellkreiden sind auch die Zwischenfarben Hellorange, Violett und Grün enthalten. Es sind dies aber sehr wohltuende, angenehme Farbtöne, die sich durch Mischen bei diesen Kreiden nicht erreichen lassen.

Auch bei diesen Farben erspürt man erst nach einiger Beschäftigung damit den Zauber, der in ihnen liegt. Ich habe aber das Empfinden, dass die Kinder unmittelbar davon berührt werden und dass sie – außer dem heilsamen Sinneseindruck über die Augen – wie ein guter Balsam für die Kinderseelen in heutiger Zeit sein können.

76

77

Abbildung 78 wurde in Gegenwart der Kinder gemalt. ▻

74

79

80

81

82

Farbstifte mit dicken Minen aus Pflanzenfarben

In jüngster Zeit wurden auch Farbstifte aus Holz mit dicken Pflanzenfarbminen entwickelt. Diese sind besonders für Schulkinder für das Anfangsschreiben mit großen Druckbuchstaben geeignet. Wenn die Kinder andere Farbstifte gewöhnt sind, muss man sie darauf aufmerksam machen, dass die Pflanzenfarbstifte zarter in den Farben sind. Ansonsten üben die Kinder zu starken Druck darauf aus, was leicht zum Abbrechen führen kann. Selbstverständlich können auch Bilder damit gemalt werden (Abb. 84 – Mädchen, 1. Klasse).

83

GOTT * SCHUF * DIE *
ERDE * MIT * STEINEN *
UND * PFLANZEN * UND *
TIEREN *

Weiterführende Literatur

Anke-Usche Clausen / Martin Riedel, *Schöpferisches Gestalten mit Farben. Methodisches Arbeitsbuch Band IV,* Stuttgart: Mellinger-Verlag [5]1997.

Margarethe Hauschka-Stavenhagen, *Zur künstlerischen Therapie, Band 1,* Schule für künstlerische Therapie und Massage, Bad Boll.

Freya Jaffke, *Spielen und Arbeiten im Waldorfkindergarten,* Stuttgart: Verlag Freies Geistesleben [4]2012.

Margrit Jünemann / Fritz Weitmann, *Der künstlerische Unterricht in der Waldorfschule. Malen und Zeichnen,* Stuttgart: Verlag Freies Geistesleben [5]2007.

Günter Meier, *Pflanzenfarben: Forschung, Herstellung, Anwendung,* Dornach: Verlag am Goetheanum 1994.

Rudolf Steiner, *Die Erziehung des Kindes vom Gesichtspunkt der Geisteswissenschaft*, Dornach: Rudolf Steiner Verlag 1992.

Michaela Strauß, *Von der Zeichensprache des kleinen Kindes,* Stuttgart: Verlag Freies Geistesleben [6]2007.

Bezugsquellen

- **Wachsfarben, Aquarellfarben, Farbkreisfarben**

– Hans Stockmar GmbH & Co. KG,
Borsigstraße 7
24568 Kaltenkirchen
Tel. (0 41 91) 80 09-0,
Fax (0 41 91) 80 09-22
E-Mail: info@stockmar.de
www.stockmar.de

- **Pflanzenfarben**
Wachs-Harz-Emulsion
Reibschalen und Stößel

– Fa. Stockmar (s.o.)

– Waldorfshop
Universnatur GmbH
Rankinestraße 4
86899 Landsberg am Lech
Tel. (0 81 91) 93 69 300
E-Mail: kundenservice@waldorfshop.eu
www.waldorfshop.eu

- **Wachspastellkreiden**
Pflanzenfarbstifte

– Kreativ-Depot
Pfaff GmbH & Co. KG
Martinsheide 24
28757 Bremen
Tel. (04 21) 65 93 49 29,
Fax (04 21) 65 93 49 24
E-Mail: info@kreativ-depot.de
www.kreativ-depot.de

- **Terpentinverdünnung**

– BIOFA Naturprodukte W. Hahn GmbH
Dobelstraße 22
73087 Bad Boll
Tel. (0 71 64) 94 05-0,
Fax (0 71 64) 94 05-96
E-Mail: info@biofa.de
www.biofa.de

Die Autorin

Freya Jaffke, geb. 1937, ist erfahrene Waldorfkindergärtnerin. Von 1960 bis 1990 war sie im Waldorfkindergarten der Freien Georgenschule Reutlingen tätig. Von 1964 bis 1966 besuchte sie zwischenzeitlich die Höhere Fachschule für Sozialpädagogik, Köln, um die Unterrichtsberechtigung an Fachschulen zu erwerben. Berufsbegleitend unterrichtete sie ab 1971 am Waldorfkindergartenseminar in Stuttgart. 1990 wurde sie von der Kindergartenarbeit freigestellt, um an Waldorfkindergartenseminaren weltweit zu unterrichten. Im Verlag Freies Geistesleben liegen von ihr vor: *Spielzeug – von Eltern selbst gemacht; Getreidegerichte – einfach und schmackhaft; Puppenspiel; Tanzt und singt!; Spiel mit uns; Spielen und arbeiten im Waldorfkindergarten; Advent; Gestalten mit farbiger Wolle; Feste in Kindergarten und Elternhaus I und II; Fröhliche Puppen selbst gemacht; Handarbeit; Holzspielzeug selbst gemacht; Tiere für Puppenspiele.*